BRICKHOUSE
EDUCATION

© 2010 Yanitzia Canetti
© 2010 Cambridge BrickHouse, Inc.
All rights reserved. For more information about permission to reproduce
selections from this book, write to Permissions at Cambridge BrickHouse, Inc.
www.BrickHouseEducation.com

Managing Editor: Heidie Germán
Editors: Alison Keating, David Mallick
Designer: Ricardo Potes

Published in the United States by BrickHouse Education
BrickHouse Education is a division of Cambridge BrickHouse, Inc.

Cambridge BrickHouse, Inc.
60 Island Street
Lawrence, MA 01840
U.S.A.

Library of Congress Cataloging-in-Publication Data

Canetti, Yanitzia, 1967-
  [ABC's at school. Spanish]
  ABeCedario escolar / Yanitzia Canetti.
      p. cm.
  ISBN 978-1-59835-275-7 (alk. paper)
  1. Schools--Juvenile literature. 2. Alphabet books--Specimens. I. Title.

LB1513.C3618 2010
372--dc22

                                                                    2010035591

10 9 8 7 6 5 4 3 2 1

ABeCedario

ESCOLAR

Yanitzia Canetti

A a

¡Arriba, al **autobús** amarillo!
Andrés anda animado.
Ana y Aldo andan alegres
y Alberto anda apurado.

B b

Beca es bien buena
buscando en la **biblioteca**.
Busca bastante bien.
¡Cuántos datos busca Beca!

C c
(sonido *k*)

Camila cuenta cuentos, colorea con crayones. Camila canta en un coro conocidas **canciones**.

C c
(sonido s)

Cirilo celebra cinco años.
Cecilia tiene cinco también.
Pero Cirilo y Cecilia
¡saben contar hasta **cien**!

Ch ch

Chacho **charla** y hace chistes.
Es un chico muy chistoso.
Toma leche con chocolate
y es un muchacho curioso.

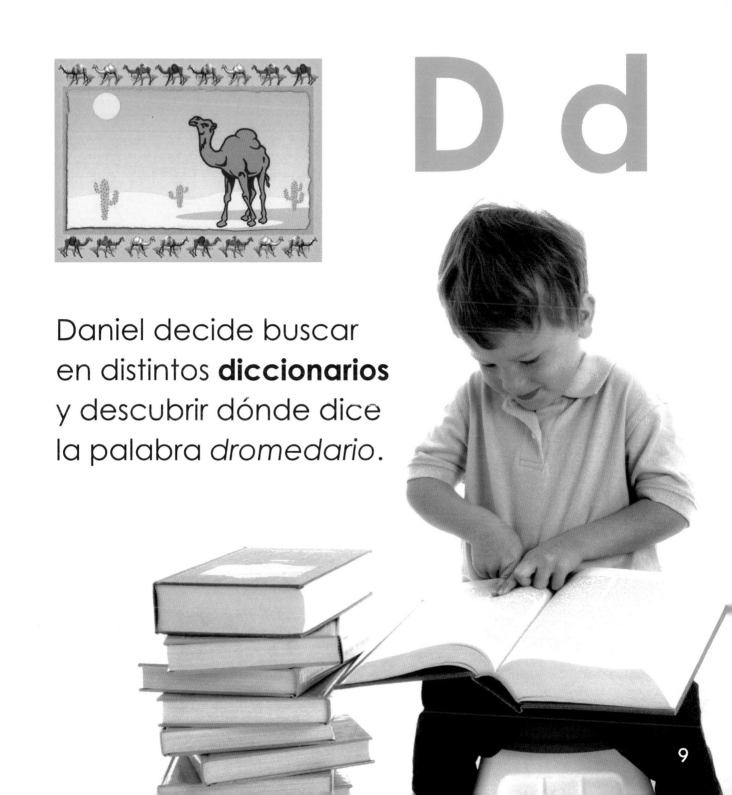

D d

Daniel decide buscar en distintos **diccionarios** y descubrir dónde dice la palabra *dromedario*.

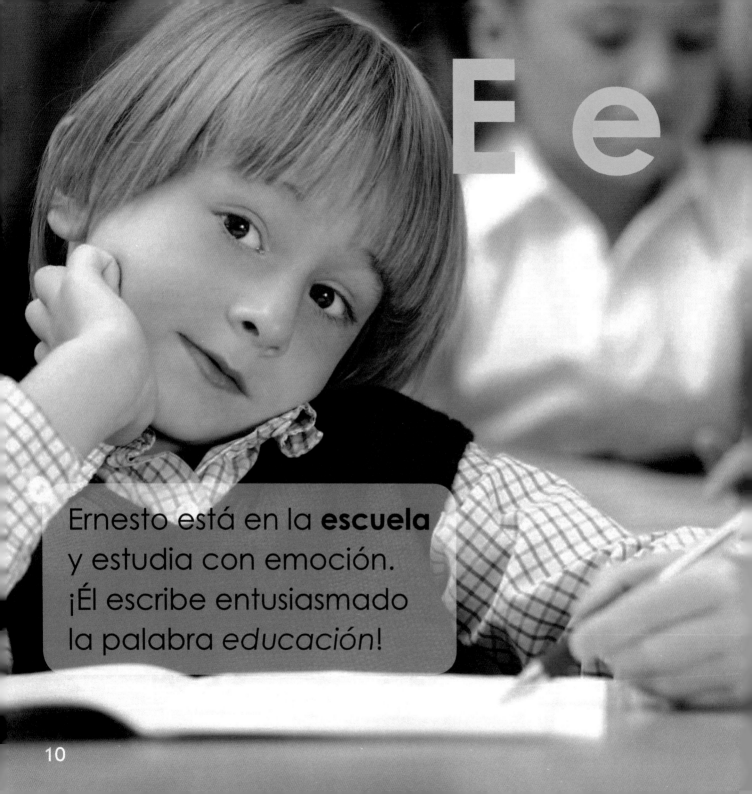

E e

Ernesto está en la **escuela** y estudia con emoción. ¡Él escribe entusiasmado la palabra *educación*!

F f

Formamos una **fila**.
¡Qué fabulosa formación!
Ayer fuimos felices
a una fantástica excursión.

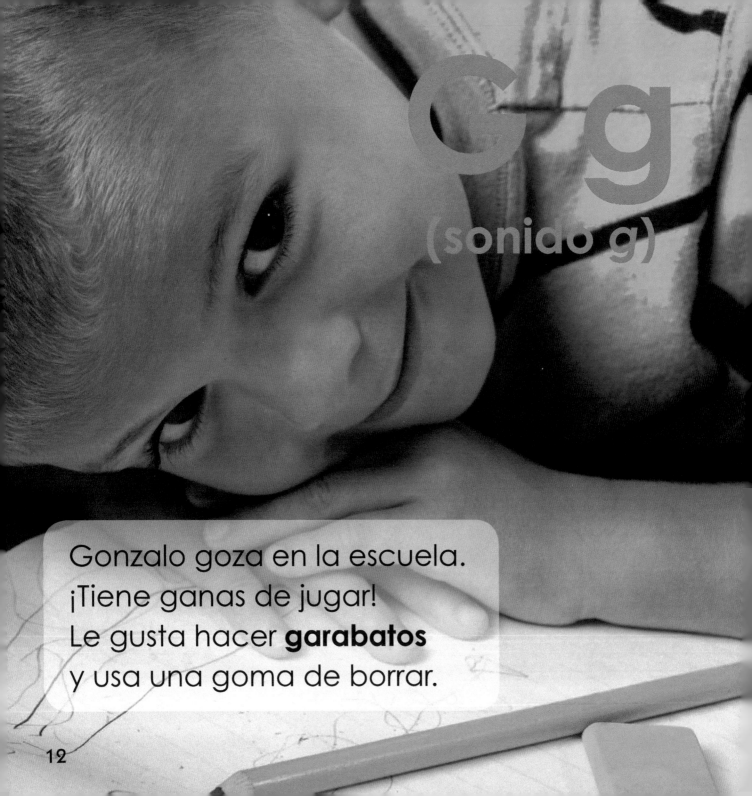

Gg

(sonido g)

Gonzalo goza en la escuela.
¡Tiene ganas de jugar!
Le gusta hacer **garabatos**
y usa una goma de borrar.

G g
(sonido *j*)

Gina gira con Gimena
en el **gimnasio** de la escuela.
¡Qué giros tan geniales
dan las hermanas gemelas!

H h

Hilda y Helena son hermanas
y **hacen** pinturas hermosas.
¿Qué harán hoy en sus hojas
estas hermanas habilidosas?

I i

Ignacio es inteligente.
Investiga algo importante.
¡Imagina, intenta y logra
un color interesante!

15

J j

Josefina es juguetona y Javier es juguetón. Juntos **juegan** y se lavan las manos con jabón.

K k

Katia pinta en **kindergarten**
un caleidoscopio de colores
y el kiosco de Kino y Karen
¡que vende un kilo de flores!

17

L l

Laura lee con su lupa **libros** largos, lentamente. La letra luce más grande con este lustroso lente.

Llevamos las mochilas.
Llegaremos al salón.
Y si **llegamos** tarde,
nos llaman la atención.

M m

Mira lo que Mario Méndez **merienda** cada mañana. ¡Una manzana madura es una merienda sana!

Nueve **números** escribo.
Mi nombre es Nora Nerón.
Nací el nueve de noviembre
y soy nueva en el salón.

Ñ ñ

Ñico no es un **niño** ñoño
porque ya tiene seis años.
Ñico es un niño pequeño,
pero aumenta de tamaño.

22

Oo

Olga observa y **organiza** cada objeto en el salón. ¡Qué obediente y ordenada es Olga en esta ocasión!

P p

Pedro pinta un paisaje.
¡Qué primor! ¡Qué preciosura!
Puede que Pedro gane
un premio por su **pintura**.

Q q

¿Qué quiere Queco Quiñones?
¿Quién lo puede saber?
Queco cuenta hasta el **quince**.
¡Queco quiere aprender!

R r

Roli hizo rayas rectas
hace un rato en una hoja.
¡Roli hizo un **rectángulo**
con una regla roja!

Susana no solo es simpática.
¡Susana sabe **sumar**!
Si la suma no es simple,
¡sabe siempre preguntar!

T t

Talía tiene tanta **tarea**.
¡Toma tu tiempo, Talía!
Termina todo el trabajo.
¡Tienes tiempo todavía!

U u

Uriel se une a un equipo.
Son muy unidos y activos.
Son tan únicos que usan
uniformes deportivos.

V v

Varias veces, en verano,
viene Victoria Valdés.
Victoria es **voluntaria**,
¡y vino a verme otra vez!

W w

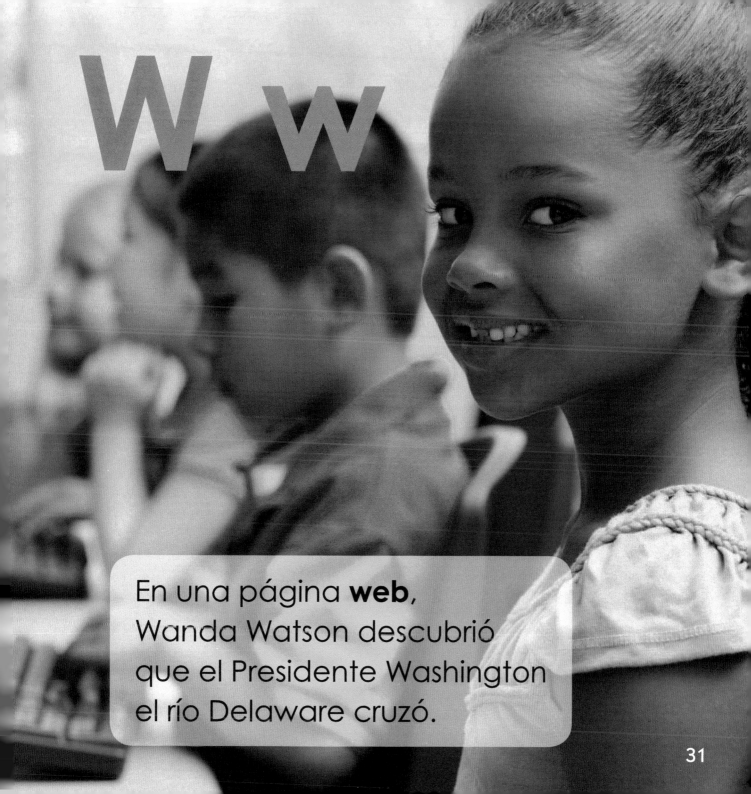

En una página **web**,
Wanda Watson descubrió
que el Presidente Washington
el río Delaware cruzó.

X x

¡Ah!

¡Huy!

¡Oh!

¡Ay!

Xochy Alexa es expresiva en su extensa explicación. Ella explica en el **examen** ¡los signos de exclamación!

Y y

Yolanda lleva un **yeso**.
Tuvo un pequeño accidente.
Ya se apoya en muletas.
¡Yo la ayudo diariamente!

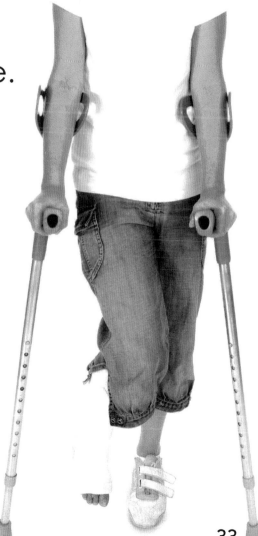

Z z

Zoilo Zapata recorta,
en **zigzag**, un corazón.
—¡El mío no es en zigzag!
—dice Zuli con razón.

Palabras nuevas

apurado	deprisa
aumenta	crece
caleidoscopio	juguete en forma de tubo que se voltea para ver varios colores adentro
celebra	festeja
coro	grupo musical en que cantan todos juntos
datos	información
distintos	diferentes
dromedario	un camello
entusiasmado	animado, alegre
excursión	un viaje
expresiva	con mucha emoción
extensa	grande, amplia
formación	fila, desfile
garabatos	dibujos o bosquejos que son divertidos
genial	bueno, maravilloso
goza	disfruta, le gusta mucho
habilidosas	muy talentosas
intenta	trata de hacer algo
kiosco	lugar donde se venden revistas, periódicos y otras cosas
logra	alcanza una meta
lustroso	muy brillante y limpio
ñoño	consentido, mimado
obediente	que hace lo que se debe
observa	mira con interés
ocasión	una vez o un momento
ordenada	organizada; con todo en su lugar
organiza	pone todo en orden
primor	perfección, exquisito
únicos	originales
web	la Internet, donde se puede encontrar información
zigzag	serpentea

¡QUÉ INTERESANTE!
(más datos acerca de la escuela)

¡COMIENZA EL DÍA ESCOLAR!
Algunos niños caminan a la escuela. Algunos tienen padres que los llevan en coche. Otros niños toman el autobús. No importa cómo llegamos a la escuela, ¡lo que importa es que llegamos listos para estudiar!

ARTE
¡La clase de arte es súper divertida! En esta hacemos mucho más que garabatos. Aprendemos a dibujar, esculpir y crear pinturas. ¡Lo mejor de la clase de arte es que podemos ensuciarnos sin ser regañados!

EN LA BIBLIOTECA
La biblioteca es un lugar especial en la escuela. Podemos sacar libros de cuentos, enciclopedias y diccionarios de la biblioteca. Después devolvemos los libros para que otros niños puedan leerlos también.

COMPUTACIÓN
La clase de computación es muy interesante y divertida. Aprendemos a usar la computadora y a buscar información en páginas web. También aprendemos a enviar correos electrónicos a nuestros familiares y amigos.

LIMPIAR EL SALÓN

Siempre debemos mantener el salón limpio y organizado. A veces los maestros eligen a voluntarios para organizar el salón después de la merienda o la hora de jugar. Así evitamos tropezar con juguetes.

MÚSICA

Durante la clase de música aprendemos muchas canciones. A veces tocamos instrumentos. Lo primero que aprendemos es la escala musical: *do, re, mi, fa, sol, la, si, do.* ¡Ahora estamos listos para cantar!

ESCRIBIR

En kindergarten aprendemos a escribir las letras del abecedario. Después de aprender las letras, podrás escribir palabras y oraciones. ¡Cuando seas grande podrías ser un escritor y escribir cientos de libros!

EDUCACIÓN FÍSICA

En el gimnasio de la escuela tenemos la clase de educación física. Aprendemos a jugar deportes, como baloncesto, fútbol, tenis y béisbol. A veces jugamos en equipo. Cada equipo usa un uniforme especial.

LA HORA DEL RECREO

Durante el día escolar tenemos tiempo para jugar. Después del almuerzo salimos en fila al patio de recreo. Algunos niños juegan deportes o charlan durante la hora del recreo. Otros observan la naturaleza.

MOSTRAR Y COMPARTIR

El día de "mostrar y compartir", los niños llevan algo interesante a la escuela, como su peluche favorito o una foto familiar. ¡Esta niña le muestra a sus compañeros una obra de arte!

USAR LA IMAGINACIÓN

Durante todo el día, usamos nuestra imaginación. Pensamos en cosas que podemos dibujar, pintar o diseñar. Pensamos en soluciones para resolver problemas. ¡Imaginamos qué haremos cuando seamos grande!

LEER

Leemos mucho en la escuela. A través de los libros aprendemos sobre lugares lejanos que quisiéramos visitar y animales que vivían hace millones de años. ¡Leer es una aventura!

MATEMÁTICAS

En la clase de matemáticas aprendemos sobre las figuras, como los rectángulos y los círculos. También aprendemos a sumar números y contar hasta cien. ¡Esta niña inteligente aprendió a contar hasta quince!

CIENCIAS

¡En la clase de ciencias hacemos experimentos! Así investigamos cómo son las rocas, los animales, las plantas y todo lo que está a nuestro alrededor. ¡Si te gustan las ciencias, a lo mejor serás científico algún día!

¡TERMINA EL DÍA ESCOLAR!

En algunas escuelas suena un timbre al terminar el día escolar. Esto les indica a los niños que es hora de regresar a casa. Los niños deben recoger sus mochilas y despedirse de sus maestros. ¡Hasta mañana!

ESTUDIAR EN CASA

El estudio no termina cuando llegamos a casa. Al llegar tenemos que hacer la tarea para repasar lo que aprendimos. A veces tenemos que estudiar para un examen. Aprendimos mucho hoy. ¡Ahora llegó la hora de dormir!

Para obtener los mejores libros en español, inglés o bilingües dedicados a
cubrir varias materias del currículo de educación primaria, secundaria y universitaria
o para proponernos sus proyectos de publicación, favor de escribir a:

Cambridge BrickHouse, Inc.
60 Island Street
Lawrence, MA 01840

www.BrickHouseEducation.com

Image Credits:

Photo on p. 4 © Yanitzia Canetti.
All other images copyrighted and used with Royalty-Free License from Dreamstime.com.

Page 5 R. Marmion; p. 6 Vstock; pp. 7, 34 Monika Adamczyk; p. 7 Oleg Kruglov; p. 8 Saskia Massink; pp. 10, 26 Doctorkan; p. 11 Anke Van Wyk; p. 12 Michael Drager; p. 13 Ron Chapple Studios; p. 14 Brenda Carson; p. 15 Andrey Kiselev; pp. 16, 21, 31 Monkey Business Images; p. 17 Katrina Brown; p. 18 Darren Baker; p. 19 Sonya Etchison; p. 20 Dan Rossini; p. 22 Hughstoneian, Dannyphoto80; p. 23 Jeecis; p. 24 Liquoricelegs; p. 25 Natalie Shmeleva; p. 27 Artur Gabrysiak; p. 28 Phartisan; p. 29 Pavel Losevsky; p. 30 Orange Line Media; p. 32 Raissa Nugumanova; p. 33 Photoeuphoria, Kameel4u; p. 34 Sergey Sundikov; p. 40 Zurijeta.

Made in the USA
Charleston, SC
22 January 2012